arte é infância

Mari Miró e o Príncipe Negro

VIVIAN CAROLINE LOPES

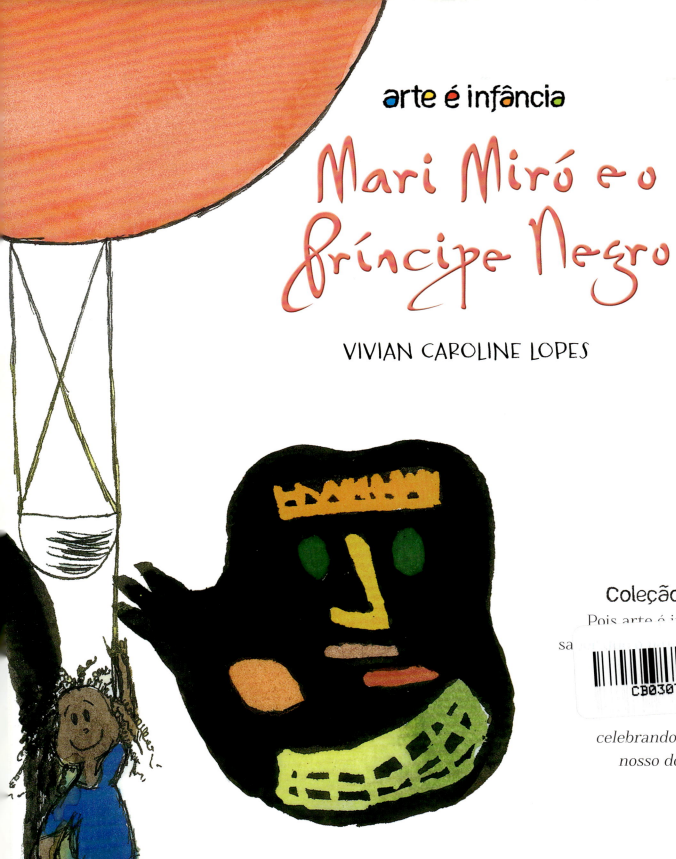

Coleção arte é infância

Pois arte é infância. Arte é não
saber que o mundo já é, e fazer um.

Rilke

Para Maíra,
celebrando as brincadeiras do
nosso doce mundo infantil.

CIP-BRASIL CATALOGAÇÃO NA PUBLICAÇÃO
SINDICATO NACIONAL DOS EDITORES DE LIVROS, RJ

L856m

Lopes, Vivian Caroline
Mari Miró e o príncipe negro / Vivian Caroline Lopes. – 2.ed. –
Barueri, SP : Ciranda Cultural, 2017.
48 p. : il. ; 24cm   (Arte é infância)

ISBN: 9788538071877

1. Literatura infantojuvenil brasileira. I. Título. II. Série.

17-40781   CDD: 028.5
                                            CDU: 087.5

© 2014 Ciranda Cultural Editora e Distribuidora Ltda.
Texto © 2014 Vivian Caroline Fernandes Lopes
Ilustrações: Vivian Caroline Fernandes Lopes
Produção: Ciranda Cultural

2ª Edição em 2017
www.cirandacultural.com.br

Todos os direitos reservados. Nenhuma parte desta publicação pode ser reproduzida, arquivada em sistema
de busca ou transmitida por qualquer meio, seja ele eletrônico, fotocópia, gravação ou outros, sem prévia
autorização do detentor dos direitos, e não pode circular encadernada ou encapada de maneira distinta
àquela em que foi publicada, ou sem que as mesmas condições sejam impostas aos compradores subsequentes.

arte é infância

Mari Miró e o Príncipe Negro

Ciranda Cultural

Na cabeça de Mari Miró, além de muitas trancinhas coloridas, pululam histórias sem fim. É uma imaginação tão forte e bonita que qualquer um gostaria de viver lá dentro. Mundo de sensações gostosas. E ela não se cansa de conhecer, de inventar, de vasculhar. Menina especial, alma de artista.

Nesses dias, ela estava imaginando por que todo mundo diz "o sol está nascendo", mas não diz a mesma coisa da lua. E a lua não nascia também? Como é que a lua de repente aparecia no céu? E chegou à conclusão de que o sol chegava iluminando e quase todos gostam de luz (devia ser por isso que se diz: uma mãe dá à luz um filho, quando ele está nascendo). A lua vem sempre à noite, quando estão todos cansados, indo dormir, e não nascer... Devia ser por isso.

— *Nascer da lua*, de Paul Klee. Paul é Paulo sem o "o". Por que será que esqueceram do "o"? Acho que é nome de gente que vive fora do Brasil, como o Joan. Logo vi, porque aqui ninguém tem duas letras repetidas no nome, eu não conheço ninguém. Só vi uma vez uma Marianna com dois "n". Não sei por que, se o som nem muda nada. A Priscilla, do livro da Lygia Bojunga, também tinha dois "l". E a Carolina ficava muito triste, porque o nome dela não tinha nada de especial. Eu não acho especial ter duas letras iguais... Kle-ê... Acho é meio estranho, isso sim! Aqui, parece que estou num grande Lego, mas é bem mais bonito, porque parece um monte de lagos coloridos e quadrados. Você não acha que essas cores parecem ser feitas de água? Acho que se eu subir lá no último retângulo preto, vou alcançar a lua. Todo mundo já quis alcançar a lua! Teve um cara que já pisou lá.

Quando Mari Miró chegava quase ao último andar, avistou uma linda cidade longínqua, e o nome dela estava escrito bem embaixo: Vista de Kairouan.

– *Mas por que toda hora você vem com essas palavras difíceis?*
– *Que palavra, Mari?*
– *Lon-gín-qua...*
– *Não é tão difícil, vai... Parece com longe. Significa que fica muito longe...*
– *Ah, tá. E está longe mesmo... Mas eu quero ir até lá mesmo assim!*

Kairouan também é um nome esquisito. Parece ser o de um país que não é nem o Brasil e nem o desse tal de Paul Klee. Querendo descobrir mais, Mari Miró foi caminhando e chegando mais perto de Kairouan. Viu os camelinhos e um cachorro e resolveu perguntar para eles.

– Que país é esse em que a gente está?

– É a Tunísia – respondeu o camelo marrom-escuro.

– Legal! Deve ser um daqueles lugares que parecem o Oriente...

– Sim, sim – observou o camelo marrom mais claro. – Parece o Oriente, mas estamos no norte da África! O que trouxe você aqui, menininha? Como você se chama?

– Eu sou a Mari Miró, e vim até aqui porque achei muito, muito bonita essa cidade. Mas na África tem coisas do Oriente?

– O que você chama de coisas do Oriente? Esses palácios? A areia, o deserto? E nós, os camelos?

– É, mais ou menos isso. E também as músicas que fazem as dançarinas mexerem a barriga, os braços... Bem bonitas e coloridas. Um monte de deuses, um monte de língua esquisita que é escrita ao contrário!

O camelo achou engraçado.

– Olhe, menina, aqui no continente africano temos mais de 50 países, entre eles Egito, Somália, Angola. Culturas muito vastas e diferentes.

– Ah, é? Eu achei que na África só tinha um povo. Aquele que passa muita fome e é sempre negro como eu...

– Não, não. Qualquer dia você precisa vir conhecer mais o nosso lindo continente.

– Venho sim. Mas hoje, eu vim conhecer sobre esse pintor, o Paul Klee. Quero saber mais das histórias que ele imaginou quando estava fazendo esses quadros. Eu adoro fazer isso!

– Ah, o nosso pintor, Paul Klee, viajou para cá com outros dois amigos e pintou muitas coisas bonitas. Ele diz que foi aqui nesta cidade que resolveu se tornar pintor de verdade.

– E ele não era pintor? O que ele era então? Que língua ele falava?

– Ele era uma pessoa apaixonada por todas as artes. Tocava violino, escrevia e desenhava também. Era muito sensível e inteligente. Falava alemão, nasceu em um desses países que falam alemão.

– Alemão? Aquela língua que tem mais de 20 letras por palavra? Que legal! Então eu quero saber o que é que tem de tão especial nesta cidade para ter feito o Klee querer virar pintor. Eu vou entrar aqui.

Mari Miró entrou em Kairouan. Logo que viu o palácio, ficou encantada com tantos objetos! Parecia que estava nas *Mil e uma noites* e que um gênio da lâmpada ia dar uma cutucada nela a qualquer momento.

Olhou os quadros e os vasos com muito vagar e, então, parou em frente a um tapete pendurado na parede:

– Que coisa mais estranha... Lá no Brasil a gente põe o tapete no chão. Quem será que anda nas paredes neste país?

O tapete era tão lindo! Escuro, com um monte de formas diferentes. Chamava-se *O tapete da recordação*.

– Por que será que tem esse nome? Acho que deve ser porque aí dentro tem um monte de lembrança...

Então, Mari Miró resolveu: queria uma lembrança lá de dentro para ela. Queria muito uma companhia que, como ela, gostasse de histórias. Ela desejava ouvir as histórias daquele lugar, as recordações do tapete onde as pessoas andavam (na parede!). Foi então que, de dentro dele, saiu uma mancha preta, que aos poucos foi se transformando em um Príncipe Negro.

Mari Miró, maravilhada, exclamou:

– Que príncipe lindo!

– Obrigado, menina! Obrigado por ter me tirado finalmente daí, de dentro das recordações. Fazia muitos anos que eu esperava esse momento! Agora posso salvar a minha aldeia do esquecimento. E ainda melhor, tenho uma amiga para me ajudar!

– Ah, é? Quem é essa amiga?

– Você! – disse o Príncipe.

Mas ninguém conseguia saber por que ele não mexia a boca e nem piscava o olho! Na verdade, ele era tão preto que nunca poderia existir uma pessoa tão preta assim. A Mari percebeu isso e, muito indiscreta, perguntou:

– Veja só, eu sou negra e meu pai é negro também. Mas, na verdade, a gente é marrom, a raça negra é marrom. Não existe ninguém preto de verdade! Por que você é tão preto?

– Porque o Klee me pintou assim. Simplesmente preto. Teve uma época em que os pintores gostavam muito de pintar as tribos africanas e indígenas, até as aborígines. E gostavam também dos assuntos orientais...

– Por quê?

– Eu também não sei. Mas você pode descobrir e me explicar.

– Então, vamos!

– Para onde? – disse o Príncipe, surpreso com a empolgação de Mari.

– Você não disse que precisava de ajuda para salvar sua aldeia do esquecimento? – disse a menina esperta.

– Sim! – o Príncipe respondeu, olhando pela janela do palácio. – Então, vamos logo ou perderemos o próximo balão vermelho.

Enquanto estavam conversando, o balão vermelho vinha se aproximando. Pegaram carona e foram passeando pelas lindas terras de Paul Klee.

– Para onde estamos indo? – Mari perguntou, enquanto sorria por ver os lindos quadros de Klee.

– Esse balão nos leva até a Águia. Somente ela, com seu superolhar de águia, poderá nos guiar até o local onde nada o Peixe Dourado, no fundo mais fundo do mar. Preciso dele. Preciso levá-lo para nadar nas águas da minha aldeia, assim, ela nunca será esquecida!

O balão foi baixando, baixando, baixando e deixou o Príncipe Negro e a Mari Miró em um lugar lindo, misto de floresta e arcos coloridos. Lá no alto, acima do olho-gigante, estava a Águia. Mari Miró encantou-se com o novo lugar e tentou mirabolar um plano para subir lá e conversar com a Águia.

O Príncipe Negro chamou Mari Miró para entrar na pequena porta preta:

– Vamos, por aqui!

– Mas, Príncipe, aqui dentro não tem escada...
E a Águia fica muito lá no alto.
– É, Mari – o Príncipe hesitou um pouco, como se estivesse pensando em uma maneira de resolver aquele problema. – Vamos ter que procurar algumas pistas de como subir até lá.

De repente, os dois ouviram um barulho esquisito, parecia uma pomba com um passarinho grande e bravo:

– Que barulho estranho é esse?

– É um chilreio – disse o Príncipe, que era muito conhecedor das coisas da natureza.

– Chil... o quê? – Mari nunca tinha ouvido essa palavra na vida!

– Chilreio. É a voz dos pássaros.

– Que pássaros? Não estou vendo nenhum...

O Príncipe olhou em volta com atenção. O barulho se repetia e logo ele viu:

– Vem daquela geringonça. Vamos mais perto!

– Acho que devemos rodar essa manivela – Mari, curiosa e esperta, observou. Será que não podia ser uma pista?

Então, Mari girou a manivela da estranha máquina e os bichinhos que estavam lá em cima começaram a chilrear.

– Chilrear... Essa é muito boa. Não tinha outra palavrinha melhor, não?

– É o som que fazem as aves, Mari... E é o nome deste quadro: A máquina de chilrear.

– Que palavra esquisita. Essa foi a pior até agora!

– Ah, é? Você acha? Que tal o nome dela em alemão? Como o Paul Klee escreveu: Die Zwitschermaschine?

– Vixi... Não consigo nem começar a ler! Não, não... Chilrear é melhor! Vamos continuar.

Os passarinhos que estavam na máquina deram uma informação muito preciosa para os dois:

– Como subir, vocês vão descobrir logo na próxima porta, saindo à esquerda! Mas como convencer a Águia a levar vocês até o lugar onde nada o Peixe Dourado, isso só a Puppe lhes dirá.

– Legal! – Mari ficou muito feliz e, correndo, puxou o Príncipe Negro para a outra porta.

Na segunda porta, encontraram um boneco que parecia da mesma família daqueles que ficavam chilreando. Mas ele era uma pessoa, não um pássaro, e chamava-se Saltimbanco.

– Oi, você aí em cima – Mari Miró chamou o Saltimbanco um pouco aflita, porque ele estava se equilibrando em uma linha muito, muito fina.

O Saltimbanco respondeu com tranquilidade, como se ele não estivesse correndo perigo:

– Olá, menina. O que você deseja?

– Nós precisamos chegar até a Águia. Como podemos conseguir?

– É muito simples – respondeu o equilibrista. – Façam como eu!

O Príncipe Negro ficou um pouco preocupado.

– O quê? Nós vamos ter que andar nas linhas do quadro? – disse o Príncipe, com um certo desespero.

– Sim – respondeu o Saltimbanco. – Vocês só precisam tentar.

Mari Miró e o Príncipe Negro agradeceram a ajuda e saíram de dentro da sala. Olharam um para o outro e tomaram coragem para tentar. Começaram pelas linhas verticais, ao lado da porta alaranjada e... Quando perceberam, já estavam andando!

Mari Miró pensou: "É porque estamos na terra onde os tapetes ficam nas paredes! E aqui todo mundo deve conseguir andar nas paredes!".

Os dois foram caminhando, encantando-se com cada novo ângulo do lindo lugar em que estavam. Já cansados, chegaram ao arco preto central do quadro. Ufa! Ainda bem que iam andar em uma linha mais grossa agora!

— Príncipe, os passarinhos disseram que uma tal de Puppe iria nos ajudar a saber como convencer a Águia. Mas onde será que essa Puppe está? — Mari quebrava a cabeça para encontrar uma resposta.

— Verdade, Mari. Esquecemos de perguntar esse detalhe. Onde estará a Puppe?

Puppe era, na verdade, boneca em alemão. Eles estavam muito preocupados em encontrá-la, mas Puppe estava ainda mais ansiosa para conhecer o Príncipe Negro. Os passarinhos já haviam avisado da presença dos dois amigos novos e insinuaram também que Puppe combinava muito com o Príncipe Negro.

Andando pela ponte preta do quadro, encontraram uma seta colorida apontada para frente. Um pouco mais adiante, viram um cachorrinho colorido, exatamente como a seta. Os dois entenderam que eram pistas e as seguiram. Assim, foram encontrando objetos dos mesmos tons, até que chegaram à tão esperada Puppe.

O Príncipe ficou bastante empolgado! Ele disse para a Mari:

– Olha só! Acho que essa é a Puppe. E ela é como eu!

Mari Miró olhou para ela e a achou muito engraçada! Era como o Príncipe, mas tinha roupa! E em vez de ter só a bolinha do olho, como seu amigo Príncipe Negro, tinha só os cílios e o redondo! Esse tal de Paul Klee era muito divertido!

– Olá! – disse Puppe. – Vocês devem ser o Príncipe Negro e a Mari Miró! Eu sou a Puppe. Muito prazer!

– Oi, Puppe! Então, já contaram para você sobre nós? – disse a Mari.

– Sim! Eu vou ajudá-los a convencer a Águia a guiá-los até o Peixe Dourado.

Eles conversaram longamente. A Puppe lhes ensinou todo o segredo, tudo o que era necessário para convencer a Águia! E eu não posso contar aqui, porque se um dia vocês quiserem também convencer uma águia, terão de descobrir o segredo. Não posso deixar a Puppe sozinha a vida inteira, não é? Ela quer muito receber novas visitas.

Felizes, Mari e o Príncipe seguiram até o pico do quadro, o centro da tela, e lá pegaram a tão esperada Águia!

Com a Águia, eles sobrevoaram o parque perto de Lu e a Insula Dulcamara, local onde nadava o Peixe Dourado.

– Esses parques são lindos! Por que será que nunca vi parques assim antes? – Mari Miró estava encantada com as cores e as formas de Klee.

A Águia deixou os dois na ponta da Insula Dulcamara e avisou:

– Para vocês trazerem o Peixe com vida, é necessário tocar a canção correta. No caminho, encontrarão o Músico, e ele poderá ajudá-los.

A Águia despediu-se e voou alto para o seu quadro novamente.

Mari Miró e o Príncipe Negro começaram a andar pelas linhas pretas em busca do Músico. Enquanto realizavam a caminhada, repararam nas cores tão delicadas daquela ilha. Dulcamara seria o nome de uma mulher? Mari nunca conseguia deixar de imaginar!

Então, ouviram um som muito bonito... E enxergaram um ponto vermelho ao longe, que caminhava devagar. Mari saiu em disparada. Tinha certeza de que o Músico tocava saxofone. Ela adora instrumentos! Especialmente os de sopro. Em sua escola, aprendeu um pouquinho de flauta doce e se apaixonou também pela flauta transversal.

Quase sem fôlego, chegou bem pertinho do Músico e falou:

– Olá! Eu adorei o seu saxofone!

O Príncipe, que estava ao lado, também cansado, falou:

– Não, Mari. Ele está tocando uma gaita.

Então, o Músico respondeu:

– Não, estou tocando um instrumento sem nome! Cada um ouve o som de que mais gosta!

– Nossa! – Mari não conseguia acreditar naquela mágica. Ela olhava para o Músico e não podia mesmo adivinhar qual era o instrumento!

– O Felipe ia morrer se visse isso. Ninguém vai acreditar quando eu contar!

– Vocês estão à procura da música que irá fazer o Peixe Dourado sobreviver à viagem de volta para a aldeia, não é?

– Sim! – Mari respondeu ainda muito surpresa.

– Aqui está a partitura. O resto é com vocês!

O Príncipe Negro olhou para aquele monte de bolinhas e pauzinhos, num monte de linhas juntinhas e quase começou a chorar:

– Eu não entendo nada do que está escrito aqui! Isso não é música... Socorro!

Mari sacou uma pequena flauta portátil que sempre trazia em seu bolso e falou:

– Príncipe, fique tranquilo que eu sei algumas dessas notinhas!

Em seguida, ela começou a tocar uma linda canção, chamada *Tema d'amore*. Quando a Mari percebeu que podia tocar toda a música, ficou sossegada. E o Príncipe também! Ainda bem.

No entanto, ainda não tinham chegado ao lugar onde o Peixe Dourado vivia. Ainda faltava encontrá-lo.

Andaram, andaram, andaram, andaram. Sem fim. Nunca chegavam.

Quando estavam na ponta de uma das trilhas negras, Mari percebeu que ela formava um grande ponto de interrogação! Só poderia ser ali!

Então, Mari Miró tocou a música em sua doce flauta doce. Eis que o Peixe Dourado, muito comovido, pulou das águas direto para a sacola do Príncipe Negro. Eles ficaram muito felizes! De 5 em 5 minutos, Mari tinha de tocar novamente o trechinho da música que fazia o Peixe sobreviver sem água até o caminho da aldeia.

Quando retornaram ao tapete, Mari despediu-se do Peixe, do Príncipe e, quase como uma mágica, apareceu no cantinho, como uma nova recordação. Ela se sentiu orgulhosa e se preparou para a sua próxima aventura.

APOIO DIDÁTICO

APRESENTAÇÃO

As páginas a seguir buscam oferecer apoio aos familiares, professores ou interessados que queiram aproveitar a leitura da *Mari Miró e o Príncipe Negro* para além das palavras, tornando materiais as imagens e personagens encontrados na narrativa sobre a obra do artista Paul Klee.

O título faz parte da coleção Arte é Infância, lançada em 2014 pela Editora Ciranda Cultural, vencedora da categoria Didático e Paradidático do 57º Prêmio Jabuti. A coleção conta, até o momento, com as seguintes obras: *Mari Miró* (Joan Miró), *Mari Miró e o Príncipe Negro* (Paul Klee), *Mari Miró e o Cavaleiro Azul* (Wassily Kandinsky), *Mari Miró e o Homem Amarelo* (Anita Malfatti), *Mari Miró e o Menino com Lagartixas* (Lasar Segall), *Mari Miró e o Abaporu* (Tarsila do Amaral) e *Mari Miró e as Cinco Moças de Guaratinguetá* (Di Cavalcanti).

Em *Mari Miró e o Príncipe Negro*, Mari caminha pela obra de Paul Klee, na qual o primitivismo dá vida a figuras lúdicas e encantadas em uma sequência ainda mais instigante que àquela proporcionada pelos personagens de Joan Miró.

APOIO AO PROFESSOR

Este material foi concebido através da vivência e experiência em sala de aula com as diversas faixas etárias e as linguagens de arte-educação e incentivo à leitura e escrita.

Objetivos gerais:
- Formar o público infantil para recepção da arte.
- Auxiliar professores no preparo de atividades com as obras dos pintores e as músicas e ritmos, antes ou após a leitura dos livros.
- Aprofundar o estudo da obra dos artistas e a relação entre a criança e a arte.

Objetivos específicos:
- Permitir ao professor abordar aspectos artísticos e históricos através das reproduções das obras incorporadas no livro paradidático.
- Subsidiar a mediação do professor na produção de releituras que possibilitem o fazer artístico do aluno nas mais diversas linguagens: escultura, música, dança, texto (poesia ou prosa), pintura e teatro.

Público-alvo:
- Professores de Português e Artes (Ensino Fundamental I);
- Profissionais que trabalham com oficinas de estudo (com crianças de 06 a 11 anos);
- Professores de Educação Infantil (mediante adaptação das atividades).

Você encontrará uma pequena biografia de Paul Klee, acompanhada de dados históricos essenciais para a abordagem em sala de aula. No momento específico de sequência didática, no qual há a apresentação das obras, utilizo a metodologia triangular proposta por Ana Mae Barbosa, articulada com outras ideias do fazer artístico de professores e estudiosos da área de arte-educação, além das adaptações necessárias à realidade com a qual se trabalha.

As sugestões de aulas contemplam três momentos: a apreciação, a contextualização e o fazer artístico. Na última etapa, há mais de uma opção de trabalho, portanto o professor deverá selecionar aquela que melhor se aplicar à turma e faixa etária com a qual trabalha ou aproveitar a mesma imagem por uma sequência de encontros.

a) **Apreciação:** O educador incita a percepção dos alunos com perguntas abertas, mediando o olhar sem que o direcione, a menos que seja sua intenção. Por exemplo, em uma obra abstrata, como alguns quadros de Kandinsky, pergunte pelas cores, pelas formas; se não houver respostas satisfatórias, busque alternativas como: as formas são orgânicas? as cores são frias? Este momento é importantíssimo para a reflexão e o envolvimento, tanto coletivo quanto individual. É interessante que o professor consiga equilibrar a participação de todos, para que se sintam convidados a expressarem suas sensações. Dependendo da turma, este momento pode demorar a acontecer, de fato; muitas vezes, os alunos não estão preparados para esta (auto)análise, tampouco a disciplina da sala permite um momento de silêncio e reflexão, porém com a insistência e paciência do professor o hábito começa a surgir e, depois de alguns encontros, eles aprendem que não há como olhar alguma imagem, ouvir alguma música, movimentar-se de alguma maneira que não cause nenhuma sensação.

Este é o momento de ouvir, mais do que falar. O professor deve conduzir os comentários, que serão livres, ao propósito de sua aula, e somente depois de a turma esgotar as possibilidades, deverá prosseguir com a contextualização. Alguns educadores preferem dar o nome da obra/pintor ou música/grupo antes da apreciação. É recomendável que não o façam no caso de obras abstratas para que haja liberdade de expressão por parte dos apreciadores. No caso de um exercício que tenha como objetivo uma narração, por exemplo, já seria bastante interessante fornecê-lo. Portanto, nada como saber o que deseja e colocar em prática para pesquisar os resultados.

b) **Contextualização:** Este é o momento da aquisição do conteúdo. É muito importante que seja realizado de maneira instigante, aproveitando tudo o que fora discutido durante a apreciação, para que o aluno consiga relacionar suas sensações ao conteúdo e sinta vontade de realizar a atividade proposta pelo educador. É interessante que, simultaneamente, conduza uma reflexão/discussão sobre a obra.

c) **Fazer artístico:** As sugestões elencadas neste material contemplam as mais variadas linguagens artísticas, de literatura a teatro. Qualquer atividade proposta deve ser bem instruída pelo professor, que fornecerá o material a ser utilizado, bem como exemplos de execução. A partir de então, ficará atento para verificar o andamento da elaboração (individual ou em grupo), incentivando e auxiliando os alunos de maneira atenciosa.

CONTAÇÃO DE HISTÓRIA

Para contar uma história é preciso conhecê-la previamente e encontrar nela elementos narrativos centrais. O professor pode utilizar diferentes elementos para atrair a atenção das crianças (alfabetizadas ou não). Desde o famoso baú ou mala que contenha elementos lúdicos para envolver os alunos (como pedaços de tecido, plumas, brilhos, formas geométricas, chapéus, acessórios, borrifadores, trilha sonora, instrumentos musicais etc.) até os recursos de mudança de voz, caretas, maquiagem e roupas diferenciadas.

Nas histórias da coleção Arte é Infância, o mundo da fantasia é o eixo principal. Utilizando as imagens das obras de pintores, alguns elementos tácteis e sonoros, fica fácil trazer esta atmosfera para a sala de aula. Cada educador escolhe as linguagens com as quais está familiarizado para reproduzir a história. A seguir, uma sugestão de materiais e procedimentos para o livro *Mari Miró e o Príncipe Negro*.

- Máscara confeccionada em papel-cartão preto para representar o Príncipe Negro;
- Água e anilina para representar as imagens coloridas em aquarela;
- Bexiga vermelha grande;
- Papel *Kraft* para forrar o chão ou a parede;
- Flauta doce, ou aparelho de CD para tocar música instrumental;
- Peixe de plástico dourado (pode ser pintado com *spray* de tinta dourada).

Com estes elementos centrais fabricados, vá aos poucos narrando a história enquanto mostra os objetos para as crianças, depois, aproveite os materiais utilizados para realizar dinâmicas com os personagens e para inclusive direcionar as atividades que serão apresentadas mais adiante.

LEITURA COMPARTILHADA

Essa atividade tem como principal função ensinar o prazer da leitura aos alunos. É o momento no qual o professor lê ensinando à criança que a leitura se dá com atenção, dedicação e paciência. É preciso saborear as histórias, os poemas. É preciso concentração.

O grande desafio desta geração guiada pelos eletrônicos é concentrar-se em atividades nas quais o movimento se dá interiormente. É preciso ensinar a contemplação. Tarefa difícil, mas não impossível. A maneira de realizá-la é mostrar que o livro contém histórias. E não há ninguém que não goste e não se interesse por histórias. Afinal, todos escrevemos e vivemos a nossa própria história, e sonhamos com o futuro breve ou distante, fabulando, desta maneira, constantemente.

O professor desempenha o papel de modelo para o aluno, principalmente nos primeiros anos de educação formal, por isso, é interessante mostrar que o hábito da leitura faz parte de sua vida e abre as portas para um mundo grande e rico.

A atividade sugerida abaixo (exemplo de leitura compartilhada de *Mari Miró e o Príncipe Negro*) pode ser realizada com qualquer livro infantojuvenil das mais variadas épocas, mas é importante que você, professor, goste da história que irá compartilhar com seus alunos.

DESENVOLVIMENTO DA ATIVIDADE COM CRIANÇAS NÃO ALFABETIZADAS

1ª etapa

Diga às crianças que o livro contará uma história que aconteceu com uma menina muito esperta, quando ela tinha 7 anos de idade. Explique que ela estava na sua aula de artes e gostava muito de descobrir as histórias por detrás de um quadro.

Mostre a imagem da obra *Nascer da lua* de Paul Klee e compartilhe as impressões dos alunos sobre a obra. Comente sobre as cores e as formas.

Só depois de perceber o interesse da turma, pergunte se a turma quer conhecer a história desta personagem chamada Mari.

2ª etapa

É importante criar um ambiente agradável para que as crianças não se sintam cansadas ou desinteressadas. Para isso, disponha os alunos em círculo ou semicírculo, no qual você ocupe uma posição visível para todos. Leia sempre com a ilustração virada para eles, para que todos vejam as imagens ou, não sendo possível esta organização, tenha como pano de fundo as imagens do livro *Mari Miró e o Príncipe Negro* e das obras de Paul Klee em uma grande tela.

3ª etapa

Comece pela capa e pelo título. Deixe as crianças emitirem impressões espontaneamente e observarem a capa. Pergunte se alguém se lembra do quadro que a personagem gostou e force as relações com o título.

4ª etapa

Avise que você fará uma primeira leitura do livro, e que durante a leitura todas as crianças devem prestar atenção. Se tiverem alguma pergunta ou impressão sobre a história, os alunos podem manifestar. Mas, se quiserem contar algo parecido que também aconteceu com eles, só depois do final do livro eles poderão fazer isso.

5ª etapa

Após a leitura, abra um espaço de troca. Ele pode começar por alguma criança de maneira espontânea ou por você, que se apresenta como leitor. Comente sobre as imagens e faça uma breve síntese da história para resgatar a atenção de todos e para explicar o que a narração pretendeu. Essa atitude irá contribuir para a produção de sentido e complementará o significado esboçado pelo texto.

Outra intervenção interessante pode ser a releitura de alguns momentos descritos no texto, por meio da pergunta aos alunos: Qual o momento de que você mais gostou?

Diante das respostas e releituras, você irá encontrar direções de interpretações divergentes ou criar as relações entre texto e imagem que as crianças poderiam fazer.

É interessante deixar a imaginação livre para que as crianças brinquem com a obra de arte de Paul Klee.

6ª etapa

Estimule a turma perguntando como imaginam outras ilustrações que poderiam existir no livro. Faça os alunos reproduzirem mais quadros de Klee.

7ª etapa

Apresente mais obras do pintor e o plano de aula sugerido neste material.

DESENVOLVIMENTO DA ATIVIDADE COM CRIANÇAS ALFABETIZADAS

Elas podem possuir o livro ou não. Repita as etapas de 1 a 3 conforme descrito anteriormente.

4ª etapa

Leia o texto com clareza em voz alta. Pare sempre que terminar um parágrafo para acompanhar o interesse da turma e resgatar as opiniões.

Ou ainda, peça para que os alunos abram o livro na primeira página de texto e leia em voz alta, enquanto eles acompanham a leitura. A partir do momento escolhido por você, peça para que as duplas leiam em voz baixa, observando as ilustrações.

5ª etapa

Após a leitura, abra um espaço de troca. Pergunte se os alunos gostaram da história e quais os momentos mais interessantes.

Diante das respostas, você irá encontrar direções para saber qual a melhor forma de trabalhar com a sugestão de aulas deste material.

É interessante deixar esta conversa fluir, ouvir todas as impressões das crianças, pois a imaginação é necessária para compreender a obra de arte de Paul Klee.

6ª etapa

Apresente mais obras do pintor e o plano de aula sugerido neste material.

FLEXIBILIZAÇÃO PARA ALUNOS COM DEFICIÊNCIA VISUAL

1. Grave o livro em áudio e dê para o aluno levar e ouvir em casa. Ele deve se aproximar do texto antes da turma.

2. Durante a leitura em sala de aula, descreva oralmente as imagens e estimule a turma a fazer o mesmo.

3. Estimule o aluno a sugerir imagens e faça-o participar ativamente da atividade.

FLEXIBILIZAÇÃO PARA ALUNOS COM DEFICIÊNCIA AUDITIVA

1. Utilizar vídeo previamente gravado com a língua brasileira de sinais do livro *Mari Miró e o Príncipe Negro*. A cada página lida em sala, passar o vídeo para que os alunos com deficiência auditiva possam acompanhar.

2. Durante a leitura em sala de aula, apresente as ilustrações para eles.

3. Estimule os alunos a participarem ativamente da leitura compartilhada.

Mari Miró vive uma aventura pelas obras de Paul Klee, artista muito admirado também por Joan Miró. Em suas obras, Klee explora o Primitivismo por meio do mundo infantil.

PAUL KLEE (1879-1940)

Mais importante do que a natureza e o seu estudo é a harmonia do artista com o conteúdo da sua caixa de cores. Um dia, hei de poder improvisar livremente com o conjunto harmônico de cores que os godês das aquarelas formam.
Paul Klee

Paul Klee viveu em uma família de músicos. Seu pai, Hans Klee, estudou canto, piano, órgão e violino no Conservatório de Stuttgart. Lá, conheceu Ida Frick, vinda de Basel na Suíça, aluna de canto também. Casaram-se e foram pais de Mathilde e Paul, cidadãos alemães que cresceram na Suíça.

Com 7 anos, Paul Klee aprendeu a tocar violino e aos 11 anos tornou-se membro honorário da orquestra dos concertos por assinatura da Sociedade de Música de Bern. A esta altura, também desenhava e escrevia, embora não houvesse o mesmo estímulo para estas outras duas artes.

Conforme a crítica, sempre há uma relação entre a musicalidade e a pintura nas obras de Klee. O mais curioso é que, como músico, sempre fora bastante fiel à tradição; os músicos modernos não o interessavam, ignorava Arnold Schönberg e seu grupo. Mas como desenhista e pintor, era radical.

Neste lado de cá, não sou nada de palpável, pois vivo tanto com os mortos como com aqueles que ainda não nasceram, um pouco mais próximo da criação do que é habitual, embora ainda não suficientemente perto. Será que emana calor de mim? Frio? É impossível falar disto sem paixão. Quando estou mais longe é que me sinto mais piedoso. Por vezes, vejo-me, do lado de cá um pouco malicioso. Isto são aspectos de um conjunto. Os padres não são suficientemente piedosos para o ver. E estes sábios ficam um pouco escandalizados.

Paul Klee

Em 1899, conheceu a pianista Lily Stumpf, por quem se apaixonou. Mesmo assim, não se casou, pois mantinha relação com outras duas mulheres em Munique. Teve o seu primeiro filho em 1900 com uma delas. Em 1906, casou-se com Lily e foram viver em Schwabing, em Munique. Em 1907, nasceu Felix, o filho do casal, e Klee ocupou-se inteiramente com sua educação. Muitos críticos insistem que estes anos foram importantíssimos na obra do pintor, já que se fala sempre na sua arte infantil e na procura de uma tradição da infância.

Em 1911, conheceu August Macke e Wassily Kandinsky. Graças a este, Klee entrou em contato com alguns artistas do grupo NKVM (*Neue Künstlervereinigung München*), além de Gabriele Münter, Alexej von Jawlensky e Franz Marc.

Kandinsky e Marc trabalharam então na edição do almanaque *Der Blaue Reiter* (O Cavaleiro Azul), importante documento do Expressionismo alemão.

Ainda existem começos primitivos na Arte, tais como os que se encontrariam outrora em museus etnográficos ou simplesmente em nossas casas, nos quartos das crianças. Não ria, leitor! As crianças também são capazes, e isto não tira mérito aos trabalhos atuais, mas, pelo contrário, contém uma sabedoria benéfica. Quanto mais desprotegidas são estas crianças, tanto mais instrutiva é a arte que nos oferecem; também aqui existe já uma corrupção, quando crianças começam a assimilar, ou mesmo a imitar, obras de arte. Fenômenos paralelos verificam-se nos desenhos dos alienados, e loucura não é o insulto adequado. Tudo isto deverá ser encarado muito mais a sério do que todas as pinacotecas, desde que se trate de reformar a Arte dos nossos dias.

Paul Klee

Ao aproximar-se deste grupo, Klee obteve reconhecimento e fez parte da *avant-garde*, o que acarretou em algum êxito nas vendas. Foi por volta desta data que também começou a organizar o seu famoso diário, documento valiosíssimo para estudiosos da arte moderna.

Em viagem à Tunísia, em 1914, encontrou seus caminhos criativos: "Fiquei possuído pela cor; não preciso ir à procura dela. Ela possui-me para sempre, sei-o. Eis o sentido do momento feliz: a cor e eu somos um. Eu sou pintor."

Seus métodos e técnicas (nada usuais) contemplam vários materiais: tinta a óleo, aquarela, tinta preta, rascunho, recortes com facas, carimbos, verniz. Ele misturava, por exemplo, óleo com aquarela, ou aquarela com caneta e tinta indiana em uma só obra. Como suporte, utilizava tela, estopa, musselina, linho, gaze, papel-cartão, limalha, tecido, papéis de parede e papel-jornal.

Sua obra possui grande variedade na paleta de cores, desde o monocromático até o policromático. Frequentemente, compõe com formas geométricas, além de letras, números, setas, combinados com figuras de animais e de pessoas que recebem tratamento primitivo. Algumas obras chegam ao abstrato.

Há alusões à poesia, à música e aos sonhos em seus quadros e, às vezes, palavras ou notações musicais são incluídas na obra.

Klee deu aulas na Staatliches-Bauhaus, em 1919, uma escola alemã de design, artes plásticas e arquitetura de vanguarda, cujo período de funcionamento compreende 14 anos, de 1919 a 1933. Mantinha o grupo *Die Blaue Vier*, em 1923, junto a Feininger e Kandinsky, que expunha nos Estados Unidos. Também deu aulas na Academia de Düsseldorf entre 1931 e 1933.

O artista morreu em 1940, em Locarno, na Suíça, vítima de esclerodermia, doença diagnosticada após sua morte.

OBRAS

1. *Nascer da lua*, 1915
Aquarela e lápis
sobre papel-cartão
18,4 cm x 17,2 cm
Essen, Folkwang
Museum

2. *Vista de Kairouan*, 1914
Aquarela e lápis
sobre papel-cartão
8,4 cm x 21,1 cm
Wuppertal, Von der
Heydt Museum
Empréstimo permanente

3. *Às portas de Kairouan*, 1914
Aquarela sobre papel-cartão
20 cm x 31,5 cm
Bern, Kunstmuseum Bern
Fundação Paul Klee

4. *O tapete da recordação*, 1914
Óleo sobre giz e fundo a óleo
sobre tela, debruado a aquarela
37,8/37,5 cm x 49,3/50,3 cm
Bern, Kunstmuseum Bern
Fundação Paul Klee

5. *Balão vermelho*, 1922
Óleo sobre tela, óleo
sobre gaze
31,7 cm x 31,1 cm
Nova Iorque, Solomon
R. Guggenheim

6. *Com a águia*, 1918
Aquarela sobre fundo de
giz, sobre papel e papel
de lustro sobre cartão
17,3 cm x 25,6 cm
Bern, Kunstmuseum Bern
Fundação Paul Klee

7. *Jardim de rosas*, 1920
Óleo e pena sobre papel
sobre cartão
49 cm x 42,5 cm
Munique, Städtische
Galerie im Lenbachhaus
Fundação Gabriele Münter
e Johannes Eichner e
Städtische Galerie

8. *A máquina de chilrear*, 1922
Decalque a óleo e aquarela
sobre papel, debruado a aquarela
e pena, sobre cartão
41,3 cm x 30,5 cm
Nova Iorque, The Museum
of Modern Art
Mrs. John D. Rockfeller Jr.
Purchase Fund

9. *O saltimbanco*, 1923
Decalque a óleo, lápis
e aquarela sobre papel,
em cima rebordo a pena,
sobre cartão
48,7 cm x 32,2 cm
Bern, Kunstmuseum Bern
Fundação Paul Klee

10. *Príncipe negro*, 1927
Óleo e têmpera sobre
o fundo de óleo sobre tela
33 cm x 29 cm
Düsseldorf,
Kunstsammlung
Nordrhein-Westfalen

11. *Teatro de marionetes*, 1923
Aquarela sobre fundo de giz sobre
dois painéis, debruado a aquarela e
pena, em baixo rebordo, a aquarela e
pena, sobre cartão
52 cm x 37,6 cm
Bern, Kunstmuseum Bern
Fundação Paul Klee

12. *Insula Dulcamara*, 1938
Óleo e guache sobre papel de jornal, sobre juta, sobre moldura de cunha
88 cm x 176 cm
Bern, Kunstmuseum Bern
Fundação Paul Klee

13. *Parque perto de Lu*, 1938
Óleo e guache sobre papel de jornal, sobre juta, sobre moldura de cunha
100 x 70 cm
Bern, Kunstmuseum Bern
Fundação Paul Klee

14. *O músico*, 1937
Aquarela sobre fundo de giz e gesso sobre papel, debruado a guache e lápis, sobre cartão plissado
81 cm x 54,5 cm
Kunstmuseum Basel
Basiléia (Suíça)

15. *O peixe dourado*, 1925
Óleo e aquarela sobre papel-cartão
49,6 cm x 69,2 cm
Hamburg, Hamburger Kunsthalle
Oferta de amigos de Carl Georg Heise

SEQUÊNCIA DIDÁTICA

1. NASCER DA LUA

a) Apreciação

b) Contextualização, reflexão e discussão sobre a obra

Obra de 1915 (ver breve biografia de Paul Klee deste material para saber em que período de sua vida e produção se insere). Apresente o título da obra e relacione com o conteúdo do livro. Verifique quais são as necessidades da turma e quais são seus interesses para avaliar a quantidade de informação a ser fornecida.

É possível trabalhar a questão das cores quentes e frias: representação do dia e da noite na obra de arte. Converse sobre os sentimentos que a obra desperta. Reforce que não há a necessidade de o desenho ou a obra de arte sempre "parecer" alguma coisa. Discuta a questão da figuração: Todo sentimento tem forma? Cor? Tudo que existe no mundo tem forma?

c) Fazer artístico

• **Relacionando ideias**

Apresente o curta-metragem francês *O gato e a lua*[1], de Pedro Serrazina. Depois, fomente a discussão sobre o que é a Lua: Por que tantas pessoas sonham em alcançá-la? O que poderia haver de tão bonito lá? Peça para que os alunos criem um desenho ou uma narração que represente o que a Lua significa para eles.

• **Produzindo imagens**

Proponha uma releitura desta obra com lápis aquarelável e papel canson. Outra opção de releitura seria com colagem de papel espelho em papel canson.

• **Produzindo textos**

Peça para que os alunos narrem uma história que comece nesta imagem ou finalize nela.

2. VISTA DE KAIROUAN

a) Apreciação

b) Contextualização, reflexão e discussão sobre a obra

Este quadro faz parte das aquarelas pintadas por Paul Klee em sua viagem à Tunísia, importantíssima para sua afirmação como pintor. A experiência da cor foi primordial nesse momento. Incentive a percepção das cores dos alunos.

Relacione as reflexões dos alunos com os dados biográficos do pintor: Viajar para algum lugar pode mu-

---

1. *O gato e a lua*. Disponível em: <www.youtube.com/watch?v=zEzIPsKwTlw>. Acesso em: 16/08/2012.

dar alguma coisa? Para que lugar você gostaria de ir? O que este lugar faria você sentir de diferente?

c) Fazer artístico

• Relacionando ideias

Reúna elementos sobre a vida na Tunísia: como são as crianças, os hábitos, fotografias, vídeos. Apresente essencialmente características da dança deste local. Faça com que os alunos emitam opiniões e transformem este novo conhecimento em alguma vivência: dança, poesia ou encenação.

• Produzindo imagens

Proponha uma releitura desta obra com giz pastel oleoso e lápis aquarelável em cartolina branca.

• Produzindo textos

Incite uma narração que se passe no interior do palácio com a janela azul. Forneça a idade e o nome da personagem para que os alunos criem a partir destes elementos.

3. AS PORTAS DE KAIROUAN

a) Apreciação

b) Contextualização, reflexão e discussão sobre a obra

Como o anterior, este quadro de 1914 faz parte das aquarelas pintadas por Paul Klee em sua viagem à Tunísia. Continue incentivando a percepção das cores dos alunos.

Faça uma relação desta obra com a anterior e explique que se trata do mesmo país e local. Pergunte aos alunos se perceberam as semelhanças e diferenças entre as obras. Eventualmente, pergunte qual das duas preferem e por quê. Fale sobre a rapidez do registro: Será que o pintor demorou a fazer esta obra? Ela é bonita?

Se o livro já foi lido, relacionar com o momento da história: O que Mari Miró encontrará por lá?

c) Fazer artístico

• Relacionando ideias

Trabalhe a expressão corporal, propondo diversos exercícios de identificação com a vida dos animais em questão e ainda outros.

Utilize como trilha *Le carnaval des animaux*[2], de Camille Saint-Saëns, para produzir os movimentos. Cada música representa um animal. Primeiro, ouça as músicas com os alunos e, logo em seguida, peça para fazerem movimentos que representem os animais que são temas das faixas. Questione os alunos procurando fazer uma composição: Como seriam as músicas dos camelos e dos cachorros?

• Produzindo imagens

Proponha uma releitura desta obra com nanquim escolar em papel canson.

• Produzindo textos

Proponha as seguintes questões para uma produção textual: O que os dois camelos e os cachorros estão fazendo neste lugar? Estão indo para onde? Como se chamam? Do que gostam? Como é a vida deles?

4. O TAPETE DA RECORDAÇÃO

a) Apreciação

b) Contextualização, reflexão e discussão sobre a obra

Apresente o nome da obra e observe as reações. Este trabalho ainda pode ser considerado fruto da viagem à Tunísia. A data de sua realização é 1914.

Os seguintes questionamentos podem ser feitos com a turma: Quais os significados atribuídos aos elementos

2. SAINT-SAËNS, Camille. *Le carnaval des animaux*. Paris: Harmonia Mundi, 2000.

tos do quadro? E depois que o título da obra é revelado? E com relação ao livro? Para onde as coisas que gravamos na memória vão? Onde ficam guardadas? Peça aos alunos para contarem coisas importantes que aconteceram em sua vida quando eram menores.

c) Fazer artístico

• Relacionando ideias

Proponha aos alunos que contem uma lembrança em grupo por meio de uma encenação, na qual os personagens saltem do tapete das recordações.

• Produzindo imagens

Realize com os alunos uma releitura da obra com lã e pequeno tear manual, confeccionando em aula. Posteriormente, emoldure as confecções em estruturas de madeira, prendendo com pregos.

• Produzindo textos

Cada aluno deverá produzir uma pequena poesia com o título: O meu tapete de recordações tem...

5. BALÃO VERMELHO

a) Apreciação

b) Contextualização, reflexão e discussão sobre a obra

Esta obra é de 1922, ano de demolição da Bauhaus. Compare com outras obras do período. Klee afirmou: "Muitas vezes, imagino uma obra muito vasta que englobe todos os domínios: o elementar, o concreto, o conteúdo e a forma. (…) Devemos continuar a procurar. Encontramos elementos, mas não encontramos o todo". A ideia de voar o acompanha. Veja também *Invenção (O herói com asa)*, de 1905: "Este homem, nascido apenas com uma asa de anjo, ao contrário dos seres divinos, esforça-se infatigavelmente

para voar e, apesar de partir os braços e as pernas, não desiste de continuar a voar", ou "Para me desembaraçar das minhas ruínas, deveria voar. E voei" (citado em obra de Susana Partch).
Reflita com os alunos sobre o uso das cores e a combinação delas na obra, além da noção de concreto e abstrato.

c) Fazer artístico

• Relacionando ideias

Proponha um exercício de relaxamento e consciência corporal, trabalhando os contrastes dos movimentos de leveza e peso. Faça uma roda para conversar sobre as diferentes sensações, e amplie a discussão para falar sobre qual seria a sensação de voar.

• Produzindo imagens

Faça com a turma um móbile de balão com arame e papel-cartão colorido. Use guache e tinta plástica para decorar.

• Produzindo textos

Passe o média-metragem *O balão vermelho*[3] para os alunos e faça uma discussão sobre o vídeo. Eles deverão produzir um texto fazendo um resumo do filme.

6. COM A ÁGUIA

a) Apreciação

b) Contextualização, reflexão e discussão sobre a obra

Obra de 1918. Em 1916, após ter renunciado ao Abstracionismo, Klee recebeu poemas chineses de Lily, os quais foram transformados em quadros. Embora tivesse pensado em realizar um ciclo importante com estes "quadros-poemas", realizou apenas algumas experiências. Em *Com águia*, há a permanência

---

3. THE RED balloon. Diretor: Albert Lamorisse. Nova Iorque: Janus Film, 1956. 1 DVD (34 min), NTSC, color. Título original: Le ballon rouge.

desta atmosfera narrativa (tons vermelhos, pequenas árvores, casas, animais) com traços muito infantis, em ambiente de conto de fadas.

Reflita com os alunos sobre as seguintes questões: As palavras têm cores? Como imaginamos as histórias? Que formas elas têm?

c) Fazer artístico

• Relacionando ideias

Realize a leitura de pequenos *haikais* para os alunos. Enquanto isso, eles deverão desenhar, representando o que ouvem.

• Produzindo imagens

Os alunos deverão fazer em duplas uma releitura da obra em papel canson A3 e giz pastel oleoso.

• Produzindo textos

Proponha aos alunos o exercício de imaginar que sejam uma das figuras do quadro: a águia, o cervo, um dos personagens à direita ou o personagem à esquerda. Onde é este lugar e o que ele possui de mágico?

7. JARDIM DE ROSAS

a) Apreciação

b) Contextualização, reflexão e discussão sobre a obra

Refira-se à utilização de técnicas mistas como experimentação do pintor, para inclusive, modificar as cores e obter o efeito desejado.

Reflita com os alunos sobre a questão do equilíbrio de formas e cores observado na obra.

c) Fazer artístico

• Relacionando ideias

Leve a canção *Rosa*[4], de Pixinguinha, para os alunos ouvirem. Estabeleça uma relação entre a rosa e a mu-

lher. Trabalhe com os alunos as questões: Por que o compositor estabeleceu essa comparação? Onde nascem as rosas? O que elas simbolizam? Em seguida, os alunos deverão compor uma música ou um poema que compare uma coisa a outra.

• Produzindo imagens

Proponha uma releitura da obra por meio da colagem de tecidos em papel-cartão branco ou preto.

• Produzindo textos

Os alunos deverão ler o conto *Cem anos de perdão*[5], de Clarice Lispector. Converse sobre o texto com eles. Em seguida, peça para produzirem uma narração contando o que o *Jardim de rosas*, de Klee, poderia ter de especial. O que essas rosas poderiam ter de diferente e opor que alguém as colheria?

8. A MÁQUINA DE CHILREAR

a) Apreciação

b) Contextualização, reflexão e discussão sobre a obra

Como em *Jardim de rosas*, Klee experimenta técnicas mistas.

Reflita com os alunos sobre as seguintes questões: Quando surgiram as máquinas? Para que elas servem? Existe máquina para tudo? Para que existem, afinal?

c) Fazer artístico

• Relacionando ideias

Converse com os alunos sobre as questões: Como se dá o funcionamento de uma máquina? O homem é uma máquina?

Faça duas atividades do livro de Viola Spolin[6]. Trata-se de dois jogos que sincronizam o movimento dos alunos, trabalhando inteligência corporal e rítmica.

---

4. Essa canção é bastante popular e já foi gravada por muitos artistas. Use a versão que preferir. Sugestão: Vários artistas. *Agô – Pixinguinha 100 anos*. Rio de Janeiro: Som Livre, 2004.
5. LISPECTOR, Clarice. *Felicidade clandestina*. Rio de Janeiro: Rocco, 1998.
6. SPOLIN, Viola. *Jogos teatrais para sala de aula: um manual para o professor*. São Paulo: Perspectiva, 2010.

Em "Jogos do movimento rítmico", faça a atividade "Onda no oceano", na qual os alunos, dispostos em círculo ou fileiras, deverão organizar um movimento contínuo de uma onda no oceano, como se fosse uma ola de estádio de futebol. Em "Jogando com as partes do corpo", faça o exercício "Pés e pernas número 1", no qual os alunos devem descobrir possibilidades de comunicação apenas com os pés. É importante que os exercícios ocorram conforme Spolin sugere, caso contrário, parecerão apenas simples brincadeiras, e o objetivo não é este.

• Produzindo imagens

Proponha uma releitura desta obra com giz branco, giz de cera e caneta esferográfica preta em papel pardo.

• Produzindo textos

Os alunos deverão fazer uma redação com o seguinte tema: "Se eu pudesse construir uma máquina maluca ela seria…"

9. O SALTIMBANCO

a) Apreciação

b) Contextualização, reflexão e discussão sobre a obra

Obra em que há também a experimentação de técnicas mistas.

Reflita com os alunos sobre as questões: O que é um saltimbanco? Por que será que Klee quis retratá-lo?

c) Fazer artístico

• Relacionando ideias

Trabalhe com o CD *Os saltimbancos*[7], de Chico Buarque. Realize um exercício de reconhecimento e audição da obra, explicando o que é a figura do saltimbanco.

• Produzindo imagens

Utilize papel vegetal e papel espelho rosado. Os alunos deverão fixar o papel vegetal por cima do papel espelho e, com uma agulha de crochê ou caneta esferográfica tampada, realizar uma releitura da obra. Depois de pronto, se o aluno preferir, poderá contornar com a caneta esferográfica e colorir levemente com raspas de giz de cera, friccionando com algodão para que a cor seja uniformemente impressa no papel.

• Produzindo textos

Peça para os alunos relacionarem o texto feito na atividade da obra A máquina de chilrear com a figura do saltimbanco desta obra, como se os dois fizessem parte do mesmo espaço. Eles deverão produzir um texto fazendo essa relação.

10. PRÍNCIPE NEGRO

a) Apreciação

b) Contextualização, reflexão e discussão sobre a obra

Nesse momento, destaca-se o Primitivismo nas artes: o interesse dos artistas modernos em buscar a arte dos povos primitivos com a intenção de encontrar a emoção genuína, ainda não contaminada pela sociedade industrial (consulte a bibliografia para mais informações).

Reflita com as crianças sobre os hábitos dos povos primitivos, por meio de questões como: Eles possuem TV ou celular? Hoje em dia, ainda existem povos primitivos? Quem gostaria de ser um índio ou de morar em uma tribo? Por que os pintores resolveram retratar esses povos?

---

7. BUARQUE, Chico. *Os saltimbancos*. São Paulo: Universal Music, 1997.

c) Fazer artístico

• Relacionando ideias

Selecione um vídeo que contemple o costume cultural das pinturas corporais indígenas e aborígines[8]. Após projeção discussão, os alunos deverão realizar uma pintura facial em duplas com tinta facial preta. Eles serão fotografados em preto e branco para que, no fechamento da sequência, lembrem-se da discussão sobre a cultura dos povos primitivos.

• Produzindo imagens

Proponha uma releitura desta obra em papel-cartão preto com tinta plástica. Outra sugestão de atividade é produzir uma máscara com papel machê.

• Produzindo textos

Divida a sala em grupos para que busquem fotos e textos curtos sobre as etnias indígenas brasileiras. Assim, os alunos poderão reconhecer e descrever os hábitos das tribos. Ao final, cada grupo deve se apresentar para os colegas.

11. TEATRO DE MARIONETES

a) Apreciação

b) Contextualização, reflexão e discussão sobre a obra

Nesta obra é possível notar a arte infantil, que remete também ao Primitivismo. Para aprofundar o tema, consulte a bibliografia.

Questione os alunos: Onde estão os personagens do quadro e o que estão fazendo? A partir disso, desenvolva o tema do teatro de marionetes.

c) Fazer artístico

• Relacionando ideias

Confeccione com os alunos dedoches com feltro para brincarem e criarem pequenos diálogos em trios.

• Produzindo imagens

Proponha uma releitura dos personagens deste quadro fazendo esculturas de argila preta. Utilize fitas em cetim coloridas e elementos diversos para decorar os bonecos.

• Produzindo textos

Peça para que os alunos imaginem e depois descrevam a cena que está disposta na obra, tal como um texto de peça de teatro.

12. INSULA DULCAMARA

a) Apreciação

b) Contextualização, reflexão e discussão sobre a obra

Obra com influências do Primitivismo e intensa pesquisa de cor. O interesse dos artistas modernos em trabalhar com a arte dos povos primitivos está em buscar a emoção genuína, ainda não contaminada pela sociedade industrial (consulte a bibliografia para mais informações). Ressalte o significado de *Insula Dulcamara*: ilha doce e amarga.

As seguintes questões podem ser feitas aos alunos e discutidas: O que é possível perceber neste lugar? Qual é a perspectiva do desenho: ele é visto de cima, de lado, tem duas ou três dimensões?

c) Fazer artístico

• Relacionando ideias

Crie uma coreografia contemporânea na qual cada aluno movimenta-se de acordo com o que imagina que os sons sugerem. Realize esse exercício com música fluida e sutil e com música de tempos quebrados e sons disformes.

---

8. Sugestão de vídeo sobre pinturas corporais indígenas e aborígines: <www.youtube.com/watch?v=JgmuTQIuGH4>. Acesso em 10/09/2012. Para saber mais sobre o tema, consulte a obra de Lux Vidal (veja a bibliografia complementar).

• Produzindo imagens

Proponha aos alunos a produção de um baixo-relevo em sabão de coco do quadro. Você pode utilizar uma colher de café e palitos de dente para trabalhar. Para finalizar, pinte com *spray* metálico.

• Produzindo textos

Peça aos alunos para criarem dois personagens neste quadro que viverão uma aventura na Ilha Dulcamara.

13. PARQUE PERTO DE LU

a) Apreciação

b) Contextualização, reflexão e discussão sobre a obra

Esta obra foi composta no mesmo ano da anterior: 1938. Portanto, possui a mesma abordagem.
Questionamentos que podem ser suscitados durante a aula: O que é possível perceber neste lugar? Qual é a perspectiva do desenho: ele é visto de cima, de lado, tem duas ou três dimensões?

c) Fazer artístico

• Relacionando ideias

Peça aos alunos para criarem uma cena com três personagens que aconteça dentro do *Parque perto de Lu*. Eles deverão escolher um ambiente e uma situação.

• Produzindo imagens

Proponha uma colagem com recortes de papel contact colorido em fundo preto. Os alunos deverão utilizar tesoura e régua para desenhar as áreas antes de recortar.

• Produzindo textos

Divida o quadro em pequenas partes irregulares. Entregue cada pedaço a um aluno e peça para que faça um verso descrevendo ou imaginando algo naquele recorte. Depois, junte as partes para formar um texto único.

14. O MÚSICO

a) Apreciação

b) Contextualização, reflexão e discussão sobre a obra

O estilo de Klee alterou-se mais uma vez. Pinceladas pretas e grossas aparecem neste período. Os temas conciliam o destino pessoal com a situação na Alemanha. O quadro é de 1937.

Questione os alunos a respeito das formas da música e das cores que ela pode suscitar. Aproveite parte da próxima atividade, "Relacionando ideias".

c) Fazer artístico

• Relacionando ideias

Proponha um exercício de audição musical para que os alunos componham uma pintura ou uma poesia.

• Produzindo imagens

Utilize papel canson e guache para fazer uma releitura da obra.

• Produzindo textos

Proponha um exercício de inversão de papéis e perspectivas: os alunos deverão criar uma história na qual dois instrumentos conversam sobre as pessoas que os tocam.

15. O PEIXE DOURADO

a) **Apreciação**

b) **Contextualização, reflexão e discussão sobre a obra**

Quadros como este, de 1925, tornaram Klee célebre. Muitas interpretações foram realizadas, como: "Com a serenidade de um deus, ele divide o elemento azul (...) *O Peixe dourado é* (...) uma maravilha de grandeza e beleza. Tudo se lhe submete, tudo é para ele (...) aqui um símbolo do universo no qual se inscreve Klee, poeta e pintor" (Will Grohman). Ou ainda: "Persistindo num imobilismo transitório e carregado de energia, o peixe maravilhoso e incandescente ilumina o azul carregado e profundo deste mundo crepuscular, no qual se refugiam os pequenos peixes vermelhos" (Christian Geelhar).

Observe na obra e converse com os alunos sobre o contraste de cores e as emoções que o quadro suscita.

c) **Fazer artístico**

- **Relacionando ideias**

Ouça o poema *Anúncio de João Alves*[9], de Carlos Drummond de Andrade. Converse com os alunos sobre as características do peixe de Klee. Com base nestas ideias, os alunos deverão produzir um anúncio poético de procura pelo quadro.

- **Produzindo imagens**

Proponha uma releitura da obra com colagem de papel laminado e espelho azuis cortados em pequenas tiras. Como fundo, pode ser usado papel-cartão laranja.

- **Produzindo textos**

Selecione palavras para a produção de nanocontos. Escolha palavras de ordens diversas, que não contemplem apenas o universo marinho para instigar a criatividade. O aluno deverá utilizar três delas.

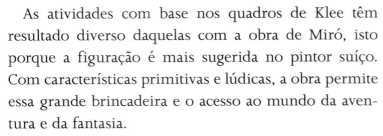

COMENTÁRIOS SOBRE A EXECUÇÃO DAS ATIVIDADES

As atividades com base nos quadros de Klee têm resultado diverso daquelas com a obra de Miró, isto porque a figuração é mais sugerida no pintor suíço. Com características primitivas e lúdicas, a obra permite essa grande brincadeira e o acesso ao mundo da aventura e da fantasia.

O encantamento é ainda maior nos quadros que contemplam balões, figuras místicas, animais, sempre retratados de maneira infantil. A criança sente-se mais próxima e reconhece nos traços do pintor o seu mundo, portanto, é importante que o momento da apreciação seja rico e que incentive principalmente atividades narrativas ou orais.

Seria interessante que essa sequência didática, bem como o livro *Mari Miró e o Príncipe Negro*, fossem trabalhados com alunos do 2º ano ou 3º ano.

Com relação aos recursos para execução de releituras, se o espaço em que trabalham não comportar a variedade de materiais proposta, os alunos podem utilizar somente lápis de cor, canetinha, giz de cera, recortes de papel em geral. O mais importante é apresentar a arte como algo que faz parte dos alunos, e que haja prazer no trabalho que executam.

9. AUTRAN, Paulo. *Paulo Autran interpreta Carlos Drummond de Andrade*. LP, 1986.

REFERÊNCIAS BIBLIOGRÁFICAS

Educação:

BARBOSA, Ana Mae. *A imagem no ensino das artes*. São Paulo: Perspectiva, 2010.

_____. *Abordagem triangular no ensino das artes e culturas visuais*. São Paulo: Cortez, 2010.

_____. *Arte-educação no Brasil*. São Paulo: Perspectiva, 2002.

MACHADO, Maria Silvia Monteiro; TATIT, Ana. *300 propostas de artes visuais*. São Paulo: Loyola, 2003.

Paul Klee:

GEELHAAR, Christian. *Paul Klee, Leben und Werk*. Colônia: Dumont Buchverlag, 1977.

GROHMANN, Will. *Klee Masters of art*. New York: Abrams, 1985.

_____. *Der Maler Paul Klee*. Colônia: Dumont Schauberg, 1966.

KLEE, Paul. *Diários*. São Paulo: Martins Fontes, 1990.

_____. *Sobre a arte moderna e outros ensaios*. Rio de Janeiro: Jorge Zahar, 2001.

PARTSCH, Susanna. *Klee*. São Paulo: Taschen do Brasil, 2007.

INDICAÇÕES DE LEITURA COMPLEMENTAR

CARPEAUX, Otto Maria. *As revoltas modernistas na literatura*. Rio de Janeiro, Ediouro, 1968.

GOLDWATER, Robert. *Primitivism in modern art*. Cambridge/London: Belknap Press of Harvard University, 1986.

KANDINSKY, Wassily. *Do espiritual na arte e na pintura em particular*. São Paulo: Martins Fontes, 1996.

_____. *Ponto e linha sobre plano*. São Paulo: Martins Fontes, 1997.

KLEE, Paul. *Diários*. São Paulo: Martins Fontes, 1990.

_____. *Sobre a arte moderna e outros ensaios*. Rio de Janeiro: Jorge Zahar, 2001.

LICHTENSTEIN, Jacqueline. (org) *A pintura- vol 7: O paralelo das artes*. São Paulo: Ed 34, 2005.

_____. *A pintura- vol 8: O desenho e a cor*. São Paulo: Ed 34, 2006.

NAVES, Rodrigo. *A forma difícil: ensaios sobre arte brasileira*. São Paulo: Atica, 2001.

NETTO, Modesto Carone. *Metáfora e montagem*. São Paulo: Editora Perspectiva, 1974.

PEDROSA, Mário. *Modernidade Cá e Lá*. Org. Otília Arantes. São Paulo: EDUSP, 2000.

_____. *Política das Artes*. Org. Otília Beatriz Fiori Arantes. São Paulo: Editora da Universidade de São Paulo, 1995.

PERRY, Gill. *Primitivismo, Cubismo, Abstração: Começo do século XX*. São Paulo: Cosac & Naif, 1998.

Roger Drakulya

Vivian Caroline Fernandes Lopes nasceu em 1982, em São Paulo. É educadora social e atua principalmente em projetos com crianças e adolescentes na área de incentivo à leitura e escrita. Doutora em Literatura Brasileira, estuda a relação entre palavra e imagem, poesia e pintura, literatura e artes. Foi vencedora do Prêmio Jabuti 2015 na categoria Didático e Paradidático com a Coleção Arte é Infância.